Recipe: _____

Serving: _____   Prep Time: _____

Cook Time: _____   Temperature: _____

Ingredients:

_____
_____
_____
_____
_____
_____
_____
_____
_____
_____
_____
_____
_____
_____
_____

Methods:

_____
_____
_____
_____
_____
_____
_____
_____
_____
_____
_____
_____
_____
_____
_____

Wine Pairing: _____

From the Kitchen of: _____

Recipe:

Serving: _____

Prep Time: _____

Cook Time: _____

Temperature: _____

Ingredients:

_____

_____

_____

_____

_____

_____

_____

_____

_____

_____

_____

_____

_____

_____

_____

_____

Methods:

_____

_____

_____

_____

_____

_____

_____

_____

_____

_____

_____

_____

_____

_____

_____

_____

Wine Pairing: _____

From the Kitchen of: _____

Recipe: _____

Serving: _____ Prep Time: _____

Cook Time: _____ Temperature: _____

Ingredients:

_____
_____
_____
_____
_____
_____
_____
_____
_____
_____
_____
_____
_____

Methods:

_____
_____
_____
_____
_____
_____
_____
_____
_____
_____
_____
_____
_____

Wine Pairing: _____

From the Kitchen of: _____

Recipe:

Serving: _____ **Prep Time:** _____

Cook Time: _____ **Temperature:** _____

Ingredients: | **Methods:**

Wine Pairing: _____

From the Kitchen of: _____

Recipe: _____

Serving: _____ Prep Time: _____

Cook Time: _____ Temperature: _____

Ingredients: | Methods:

_____ | _____

_____ | _____

_____ | _____

_____ | _____

_____ | _____

_____ | _____

_____ | _____

_____ | _____

_____ | _____

_____ | _____

_____ | _____

_____ | _____

_____ | _____

_____ | _____

Wine Pairing: _____

From the Kitchen of: _____

Recipe:

Serving: _____   **Prep Time:** _____

Cook Time: _____   **Temperature:** _____

Ingredients:

_____

_____

_____

_____

_____

_____

_____

_____

_____

_____

_____

_____

_____

_____

_____

_____

_____

Methods:

_____

_____

_____

_____

_____

_____

_____

_____

_____

_____

_____

_____

_____

_____

_____

_____

_____

Wine Pairing: _____

From the Kitchen of: _____

Recipe:

Serving: _____ **Prep Time:** _____

Cook Time: _____ **Temperature:** _____

Ingredients:

_____

_____

_____

_____

_____

_____

_____

_____

_____

_____

_____

_____

_____

_____

Methods:

_____

_____

_____

_____

_____

_____

_____

_____

_____

_____

_____

_____

_____

Wine Pairing: _____

From the Kitchen of: _____

Recipe:

Serving: _____   **Prep Time:** _____

Cook Time: _____   **Temperature:** _____

Ingredients:

_____

_____

_____

_____

_____

_____

_____

_____

_____

_____

_____

_____

_____

_____

_____

_____

Methods:

_____

_____

_____

_____

_____

_____

_____

_____

_____

_____

_____

_____

_____

_____

_____

_____

Wine Pairing: _____

From the Kitchen of: _____

Recipe:

Serving: _____ **Prep Time:** _____

Cook Time: _____ **Temperature:** _____

Ingredients:

_____

_____

_____

_____

_____

_____

_____

_____

_____

_____

_____

_____

_____

_____

_____

_____

Methods:

_____

_____

_____

_____

_____

_____

_____

_____

_____

_____

_____

_____

_____

_____

_____

_____

Wine Pairing: _____

From the Kitchen of: _____

Recipe:

Serving: _____ **Prep Time:** _____

Cook Time: _____ **Temperature:** _____

Ingredients:

_____

_____

_____

_____

_____

_____

_____

_____

_____

_____

_____

_____

_____

_____

_____

_____

_____

_____

Methods:

_____

_____

_____

_____

_____

_____

_____

_____

_____

_____

_____

_____

_____

_____

_____

_____

_____

_____

Wine Pairing: _____

From the Kitchen of: _____

Recipe: _____

Serving: _____   Prep Time: _____

Cook Time: _____   Temperature: _____

Ingredients: Methods:

_____   _____
_____   _____
_____   _____
_____   _____
_____   _____
_____   _____
_____   _____
_____   _____
_____   _____
_____   _____
_____   _____
_____   _____
_____   _____
_____   _____
_____   _____
_____   _____

Wine Pairing: _____

From the Kitchen of: _____

Recipe: _____

Serving: _____   Prep Time: _____

Cook Time: _____   Temperature: _____

Ingredients:

_____
_____
_____
_____
_____
_____
_____
_____
_____
_____
_____
_____
_____
_____
_____
_____

Methods:

_____
_____
_____
_____
_____
_____
_____
_____
_____
_____
_____
_____
_____
_____
_____
_____

Wine Pairing: _____

From the Kitchen of: _____

Recipe:

Serving: _____ **Prep Time:** _____

Cook Time: _____ **Temperature:** _____

Ingredients:

_____

_____

_____

_____

_____

_____

_____

_____

_____

_____

_____

_____

_____

Methods:

_____

_____

_____

_____

_____

_____

_____

_____

_____

_____

_____

_____

_____

Wine Pairing: _____

From the Kitchen of: _____

Recipe: _____

Serving: _____   **Prep Time:** _____

Cook Time: _____   **Temperature:** _____

Ingredients: **Methods:**

Recipe: _____

Serving: _____   Prep Time: _____

Cook Time: _____   Temperature: _____

Ingredients: Methods:

_____   _____
_____   _____
_____   _____
_____   _____
_____   _____
_____   _____
_____   _____
_____   _____
_____   _____
_____   _____
_____   _____
_____   _____
_____   _____
_____   _____

Wine Pairing: _____

From the Kitchen of: _____

Recipe:

Serving: _____ **Prep Time:** _____

Cook Time: _____ **Temperature:** _____

Ingredients:

_____

_____

_____

_____

_____

_____

_____

_____

_____

_____

_____

_____

_____

_____

_____

_____

_____

_____

Methods:

_____

_____

_____

_____

_____

_____

_____

_____

_____

_____

_____

_____

_____

_____

_____

_____

_____

_____

Wine Pairing: _____

From the Kitchen of: _____

Recipe: _____

Serving: _____   Prep Time: _____

Cook Time: _____   Temperature: _____

Ingredients: Methods:

_____   _____
_____   _____
_____   _____
_____   _____
_____   _____
_____   _____
_____   _____
_____   _____
_____   _____
_____   _____
_____   _____
_____   _____
_____   _____
_____   _____
_____   _____
_____   _____

Wine Pairing: _____

From the Kitchen of: _____

Recipe:

Serving: _____ **Prep Time:** _____

Cook Time: _____ **Temperature:** _____

Ingredients:

Methods:

Wine Pairing: _____

From the Kitchen of: _____

Recipe: _____

Serving: _____   Prep Time: _____

Cook Time: _____   Temperature: _____

Ingredients: Methods:

_____   _____
_____   _____
_____   _____
_____   _____
_____   _____
_____   _____
_____   _____
_____   _____
_____   _____
_____   _____
_____   _____
_____   _____
_____   _____
_____   _____
_____   _____
_____   _____
_____   _____
_____   _____

Wine Pairing: _____

From the Kitchen of: _____

Recipe:

Serving: _____ **Prep Time:** _____

Cook Time: _____ **Temperature:** _____

Ingredients:

_____

_____

_____

_____

_____

_____

_____

_____

_____

_____

_____

_____

_____

_____

_____

Methods:

_____

_____

_____

_____

_____

_____

_____

_____

_____

_____

_____

_____

_____

_____

Wine Pairing: _____

From the Kitchen of: _____

Recipe: _____

Serving: _____   Prep Time: _____

Cook Time: _____   Temperature: _____

Ingredients: Methods:

_____   _____
_____   _____
_____   _____
_____   _____
_____   _____
_____   _____
_____   _____
_____   _____
_____   _____
_____   _____
_____   _____
_____   _____
_____   _____
_____   _____

Wine Pairing: _____

From the Kitchen of: _____

Recipe:

Serving: _____   **Prep Time:** _____

Cook Time: _____   **Temperature:** _____

Ingredients:

_____

_____

_____

_____

_____

_____

_____

_____

_____

_____

_____

_____

_____

_____

_____

_____

_____

Methods:

_____

_____

_____

_____

_____

_____

_____

_____

_____

_____

_____

_____

_____

_____

_____

_____

_____

Wine Pairing: _____

From the Kitchen of: _____

Recipe:

Serving: _____ **Prep Time:** _____

Cook Time: _____ **Temperature:** _____

Ingredients:

_____

_____

_____

_____

_____

_____

_____

_____

_____

_____

_____

_____

_____

_____

_____

Methods:

_____

_____

_____

_____

_____

_____

_____

_____

_____

_____

_____

_____

_____

_____

_____

Wine Pairing: _____

From the Kitchen of: _____

Recipe:

Serving: _____ Prep Time: _____

Cook Time: _____ Temperature: _____

Ingredients:

_____

_____

_____

_____

_____

_____

_____

_____

_____

_____

_____

_____

_____

_____

Methods:

_____

_____

_____

_____

_____

_____

_____

_____

_____

_____

_____

_____

_____

_____

Wine Pairing: _____

From the Kitchen of: _____

Recipe:

Serving: _____   Prep Time: _____

Cook Time: _____   Temperature: _____

Ingredients:

_____

_____

_____

_____

_____

_____

_____

_____

_____

_____

_____

_____

_____

_____

Methods:

_____

_____

_____

_____

_____

_____

_____

_____

_____

_____

_____

_____

_____

_____

Wine Pairing: _____

From the Kitchen of: _____

Recipe: _____

Serving: _____ **Prep Time:** _____

Cook Time: _____ **Temperature:** _____

Ingredients:

_____

_____

_____

_____

_____

_____

_____

_____

_____

_____

_____

_____

_____

_____

_____

_____

Methods:

_____

_____

_____

_____

_____

_____

_____

_____

_____

_____

_____

_____

_____

_____

_____

Wine Pairing: _____

From the Kitchen of: _____

Recipe: _____

Serving: _____ Prep Time: _____

Cook Time: _____ Temperature: _____

Ingredients: | Methods:

_____ | _____
_____ | _____
_____ | _____
_____ | _____
_____ | _____
_____ | _____
_____ | _____
_____ | _____
_____ | _____
_____ | _____
_____ | _____
_____ | _____
_____ | _____
_____ | _____

Wine Pairing: _____

From the Kitchen of: _____

Recipe:

Serving: _____   **Prep Time:** _____

Cook Time: _____   **Temperature:** _____

Ingredients:

_____

_____

_____

_____

_____

_____

_____

_____

_____

_____

_____

_____

_____

_____

Methods:

_____

_____

_____

_____

_____

_____

_____

_____

_____

_____

_____

_____

_____

_____

Wine Pairing: _____

From the Kitchen of: _____

Recipe: _____

Serving: _____ Prep Time: _____

Cook Time: _____ Temperature: _____

Ingredients:

_____
_____
_____
_____
_____
_____
_____
_____
_____
_____
_____
_____
_____
_____

Methods:

_____
_____
_____
_____
_____
_____
_____
_____
_____
_____
_____
_____
_____
_____

Wine Pairing: _____

From the Kitchen of: _____

Recipe:

Serving: _____ **Prep Time:** _____

Cook Time: _____ **Temperature:** _____

Ingredients:

_____

_____

_____

_____

_____

_____

_____

_____

_____

_____

_____

_____

_____

_____

_____

_____

Methods:

_____

_____

_____

_____

_____

_____

_____

_____

_____

_____

_____

_____

_____

_____

_____

Wine Pairing: _____

From the Kitchen of: _____

Recipe:

Serving: _____   **Prep Time:** _____

Cook Time: _____   **Temperature:** _____

Ingredients: **Methods:**

_____   _____
_____   _____
_____   _____
_____   _____
_____   _____
_____   _____
_____   _____
_____   _____
_____   _____
_____   _____
_____   _____
_____   _____
_____   _____
_____   _____
_____   _____

Wine Pairing: _____

From the Kitchen of: _____

Recipe:

Serving: _____   **Prep Time:** _____

Cook Time: _____   **Temperature:** _____

Ingredients:

_____

_____

_____

_____

_____

_____

_____

_____

_____

_____

_____

_____

_____

_____

_____

_____

Methods:

_____

_____

_____

_____

_____

_____

_____

_____

_____

_____

_____

_____

_____

_____

_____

_____

Wine Pairing: _____

From the Kitchen of: _____

Recipe:

Serving: _____   **Prep Time:** _____

Cook Time: _____   **Temperature:** _____

Ingredients: **Methods:**

_____   _____

_____   _____

_____   _____

_____   _____

_____   _____

_____   _____

_____   _____

_____   _____

_____   _____

_____   _____

_____   _____

_____   _____

_____   _____

_____   _____

_____   _____

_____   _____

Wine Pairing: _____

From the Kitchen of: _____

Recipe:

Serving: _____ **Prep Time:** _____

Cook Time: _____ **Temperature:** _____

Ingredients:

_____

_____

_____

_____

_____

_____

_____

_____

_____

_____

_____

_____

_____

_____

_____

_____

Methods:

_____

_____

_____

_____

_____

_____

_____

_____

_____

_____

_____

_____

_____

_____

_____

_____

Wine Pairing: _____

From the Kitchen of: _____

Recipe:

Serving: _____   **Prep Time:** _____

Cook Time: _____   **Temperature:** _____

Ingredients:

_____

_____

_____

_____

_____

_____

_____

_____

_____

_____

_____

_____

_____

_____

Methods:

_____

_____

_____

_____

_____

_____

_____

_____

_____

_____

_____

_____

_____

_____

Wine Pairing: _____

From the Kitchen of: _____

Recipe:

Serving: _____ **Prep Time:** _____

Cook Time: _____ **Temperature:** _____

Ingredients:

_____

_____

_____

_____

_____

_____

_____

_____

_____

_____

_____

_____

_____

_____

_____

_____

Methods:

_____

_____

_____

_____

_____

_____

_____

_____

_____

_____

_____

_____

_____

_____

_____

_____

Wine Pairing: _____

From the Kitchen of: _____

Recipe: _____

Serving: _____   Prep Time: _____

Cook Time: _____   Temperature: _____

Ingredients: Methods:

_____   _____
_____   _____
_____   _____
_____   _____
_____   _____
_____   _____
_____   _____
_____   _____
_____   _____
_____   _____
_____   _____
_____   _____
_____   _____
_____   _____
_____   _____

Wine Pairing: _____

From the Kitchen of: _____

Recipe:

Serving: _____

Prep Time: _____

Cook Time: _____

Temperature: _____

Ingredients:

_____

_____

_____

_____

_____

_____

_____

_____

_____

_____

_____

_____

_____

_____

_____

_____

Methods:

_____

_____

_____

_____

_____

_____

_____

_____

_____

_____

_____

_____

_____

_____

_____

_____

Wine Pairing: _____

From the Kitchen of: _____

Recipe: _____

Serving: _____   Prep Time: _____

Cook Time: _____   Temperature: _____

Ingredients:

_____

_____

_____

_____

_____

_____

_____

_____

_____

_____

_____

_____

_____

_____

_____

Methods:

_____

_____

_____

_____

_____

_____

_____

_____

_____

_____

_____

_____

_____

_____

_____

Wine Pairing: _____

From the Kitchen of: _____

Recipe:

Serving: _____ **Prep Time:** _____

Cook Time: _____ **Temperature:** _____

Ingredients: **Methods:**

Wine Pairing: _____

From the Kitchen of: _____

Recipe:

Serving: _____ **Prep Time:** _____

Cook Time: _____ **Temperature:** _____

Ingredients:

Methods:

Wine Pairing: _____

From the Kitchen of: _____

Recipe:

Serving: _____   **Prep Time:** _____

Cook Time: _____   **Temperature:** _____

Ingredients:

_____
_____
_____
_____
_____
_____
_____
_____
_____
_____
_____
_____
_____
_____
_____

Methods:

_____
_____
_____
_____
_____
_____
_____
_____
_____
_____
_____
_____
_____
_____
_____

Wine Pairing: _____

From the Kitchen of: _____

Recipe: _____

Serving: _____   Prep Time: _____

Cook Time: _____   Temperature: _____

Ingredients: Methods:

_____   _____

_____   _____

_____   _____

_____   _____

_____   _____

_____   _____

_____   _____

_____   _____

_____   _____

_____   _____

_____   _____

_____   _____

_____   _____

_____   _____

_____   _____

_____   _____

_____   _____

Wine Pairing: _____

From the Kitchen of: _____

Recipe:

Serving: _____ **Prep Time:** _____

Cook Time: _____ **Temperature:** _____

Ingredients: **Methods:**

_____ _____
_____ _____
_____ _____
_____ _____
_____ _____
_____ _____
_____ _____
_____ _____
_____ _____
_____ _____
_____ _____
_____ _____
_____ _____
_____ _____
_____ _____
_____ _____

Wine Pairing: _____

From the Kitchen of: _____

Recipe:

Serving: _____ **Prep Time:** _____

Cook Time: _____ **Temperature:** _____

Ingredients:

_____

_____

_____

_____

_____

_____

_____

_____

_____

_____

_____

_____

_____

_____

_____

Methods:

_____

_____

_____

_____

_____

_____

_____

_____

_____

_____

_____

_____

_____

_____

Wine Pairing: _____

From the Kitchen of: _____

Recipe:

Serving: _____ **Prep Time:** _____

Cook Time: _____ **Temperature:** _____

Ingredients:

_____

_____

_____

_____

_____

_____

_____

_____

_____

_____

_____

_____

_____

_____

Methods:

_____

_____

_____

_____

_____

_____

_____

_____

_____

_____

_____

_____

_____

_____

Wine Pairing: _____

From the Kitchen of: _____

Recipe: _____

Serving: _____   Prep Time: _____

Cook Time: _____   Temperature: _____

Ingredients: Methods:

_____   _____
_____   _____
_____   _____
_____   _____
_____   _____
_____   _____
_____   _____
_____   _____
_____   _____
_____   _____
_____   _____
_____   _____
_____   _____
_____   _____
_____   _____
_____   _____
_____   _____

Wine Pairing: _____

From the Kitchen of: _____

Recipe:

Serving: _____ **Prep Time:** _____

Cook Time: _____ **Temperature:** _____

Ingredients:

_____

_____

_____

_____

_____

_____

_____

_____

_____

_____

_____

_____

_____

_____

Methods:

_____

_____

_____

_____

_____

_____

_____

_____

_____

_____

_____

_____

_____

_____

Wine Pairing: _____

From the Kitchen of: _____

Recipe: _____

Serving: _____ Prep Time: _____

Cook Time: _____ Temperature: _____

Ingredients: Methods:

_____ _____
_____ _____
_____ _____
_____ _____
_____ _____
_____ _____
_____ _____
_____ _____
_____ _____
_____ _____
_____ _____
_____ _____
_____ _____
_____ _____
_____ _____
_____ _____

Wine Pairing: _____

From the Kitchen of: _____

Recipe:

Serving: _____

Prep Time: _____

Cook Time: _____

Temperature: _____

Ingredients:

_____

_____

_____

_____

_____

_____

_____

_____

_____

_____

_____

_____

_____

_____

_____

_____

_____

Methods:

_____

_____

_____

_____

_____

_____

_____

_____

_____

_____

_____

_____

_____

_____

_____

_____

_____

Wine Pairing: _____

From the Kitchen of: _____

Recipe:

Serving: _____ **Prep Time:** _____

Cook Time: _____ **Temperature:** _____

Ingredients:

_____
_____
_____
_____
_____
_____
_____
_____
_____
_____
_____
_____
_____
_____
_____

Methods:

_____
_____
_____
_____
_____
_____
_____
_____
_____
_____
_____
_____
_____
_____
_____

Wine Pairing: _____

From the Kitchen of: _____

Recipe:

Serving: _____ **Prep Time:** _____

Cook Time: _____ **Temperature:** _____

Ingredients:

_____

_____

_____

_____

_____

_____

_____

_____

_____

_____

_____

_____

_____

_____

_____

Methods:

_____

_____

_____

_____

_____

_____

_____

_____

_____

_____

_____

_____

_____

_____

_____

Wine Pairing: _____

From the Kitchen of: _____

Recipe: _____

Serving: _____   **Prep Time:** _____

Cook Time: _____   **Temperature:** _____

Ingredients:

_____

_____

_____

_____

_____

_____

_____

_____

_____

_____

_____

_____

_____

_____

Methods:

_____

_____

_____

_____

_____

_____

_____

_____

_____

_____

_____

_____

_____

_____

Wine Pairing: _____

From the Kitchen of: _____

Recipe:

Serving: _____ **Prep Time:** _____

Cook Time: _____ **Temperature:** _____

Ingredients:

_____

_____

_____

_____

_____

_____

_____

_____

_____

_____

_____

_____

_____

_____

_____

Methods:

_____

_____

_____

_____

_____

_____

_____

_____

_____

_____

_____

_____

_____

_____

Wine Pairing: _____

From the Kitchen of: _____

Recipe:

Serving: _____

Prep Time: _____

Cook Time: _____

Temperature: _____

Ingredients:

_____
_____
_____
_____
_____
_____
_____
_____
_____
_____
_____
_____
_____
_____
_____
_____
_____
_____

Methods:

_____
_____
_____
_____
_____
_____
_____
_____
_____
_____
_____
_____
_____
_____
_____
_____
_____
_____

Wine Pairing: _____

From the Kitchen of: _____

Recipe:

Serving: _____   Prep Time: _____

Cook Time: _____   Temperature: _____

Ingredients:

Methods:

Wine Pairing: _____

From the Kitchen of: _____

Recipe: _____

Serving: _____ **Prep Time:** _____

Cook Time: _____ **Temperature:** _____

Ingredients:

_____

_____

_____

_____

_____

_____

_____

_____

_____

_____

_____

_____

_____

_____

Methods:

_____

_____

_____

_____

_____

_____

_____

_____

_____

_____

_____

_____

_____

_____

Wine Pairing: _____

From the Kitchen of: _____

Recipe:

Serving: _____ **Prep Time:** _____

Cook Time: _____ **Temperature:** _____

Ingredients:

_____

_____

_____

_____

_____

_____

_____

_____

_____

_____

_____

_____

_____

_____

Methods:

_____

_____

_____

_____

_____

_____

_____

_____

_____

_____

_____

_____

_____

_____

Wine Pairing: _____

From the Kitchen of: _____

Recipe:

Serving: _____

Prep Time: _____

Cook Time: _____

Temperature: _____

Ingredients:

_____

_____

_____

_____

_____

_____

_____

_____

_____

_____

_____

_____

_____

_____

_____

Methods:

_____

_____

_____

_____

_____

_____

_____

_____

_____

_____

_____

_____

_____

_____

Wine Pairing: _____

From the Kitchen of: _____

Recipe:

Serving:

Prep Time:

Cook Time:

Temperature:

Ingredients:

Methods:

Wine Pairing:

From the Kitchen of:

Recipe: _____

Serving: _____   Prep Time: _____

Cook Time: _____   Temperature: _____

Ingredients: Methods:

_____   _____
_____   _____
_____   _____
_____   _____
_____   _____
_____   _____
_____   _____
_____   _____
_____   _____
_____   _____
_____   _____
_____   _____
_____   _____
_____   _____
_____   _____
_____   _____
_____   _____

Wine Pairing: _____

From the Kitchen of: _____

Recipe:

Serving: _____ **Prep Time:** _____

Cook Time: _____ **Temperature:** _____

Ingredients:

_____

_____

_____

_____

_____

_____

_____

_____

_____

_____

_____

_____

_____

_____

_____

Methods:

_____

_____

_____

_____

_____

_____

_____

_____

_____

_____

_____

_____

_____

_____

_____

Wine Pairing: _____

From the Kitchen of: _____

Recipe: _____

Serving: _____   Prep Time: _____

Cook Time: _____   Temperature: _____

Ingredients: Methods:

_____   _____
_____   _____
_____   _____
_____   _____
_____   _____
_____   _____
_____   _____
_____   _____
_____   _____
_____   _____
_____   _____
_____   _____
_____   _____
_____   _____
_____   _____
_____   _____
_____   _____
_____   _____

Wine Pairing: _____

From the Kitchen of: _____

Recipe:

Serving: _____ **Prep Time:** _____

Cook Time: _____ **Temperature:** _____

Ingredients:

_____

_____

_____

_____

_____

_____

_____

_____

_____

_____

_____

_____

_____

_____

_____

Methods:

_____

_____

_____

_____

_____

_____

_____

_____

_____

_____

_____

_____

_____

_____

_____

Wine Pairing: _____

From the Kitchen of: _____

Recipe: _____

Serving: _____   Prep Time: _____

Cook Time: _____   Temperature: _____

Ingredients:

Methods:

Recipe:

Serving:

Prep Time:

Cook Time:

Temperature:

Ingredients:

Methods:

Wine Pairing:

From the Kitchen of:

Recipe:

Serving: _____ **Prep Time:** _____

Cook Time: _____ **Temperature:** _____

Ingredients:

_____

_____

_____

_____

_____

_____

_____

_____

_____

_____

_____

_____

_____

_____

Methods:

_____

_____

_____

_____

_____

_____

_____

_____

_____

_____

_____

_____

_____

_____

Wine Pairing: _____

From the Kitchen of: _____

Recipe:

Serving: _____   Prep Time: _____

Cook Time: _____   Temperature: _____

Ingredients:

_____

_____

_____

_____

_____

_____

_____

_____

_____

_____

_____

_____

_____

_____

_____

_____

Methods:

_____

_____

_____

_____

_____

_____

_____

_____

_____

_____

_____

_____

_____

_____

Wine Pairing: _____

From the Kitchen of: _____

Recipe:

Serving: _____ **Prep Time:** _____

Cook Time: _____ **Temperature:** _____

Ingredients:

_____

_____

_____

_____

_____

_____

_____

_____

_____

_____

_____

_____

_____

_____

_____

_____

Methods:

_____

_____

_____

_____

_____

_____

_____

_____

_____

_____

_____

_____

_____

_____

_____

_____

Wine Pairing: _____

From the Kitchen of: _____

Recipe:

Serving:

Prep Time:

Cook Time:

Temperature:

Ingredients:

Methods:

Wine Pairing:

From the Kitchen of:

Recipe:

Serving: _____ **Prep Time:** _____

Cook Time: _____ **Temperature:** _____

Ingredients:

_____
_____
_____
_____
_____
_____
_____
_____
_____
_____
_____
_____
_____
_____
_____
_____
_____

Methods:

_____
_____
_____
_____
_____
_____
_____
_____
_____
_____
_____
_____
_____
_____
_____
_____
_____

Wine Pairing: _____

From the Kitchen of: _____

Recipe:

Serving: _____ **Prep Time:** _____

Cook Time: _____ **Temperature:** _____

Ingredients:

_____

_____

_____

_____

_____

_____

_____

_____

_____

_____

_____

_____

_____

_____

_____

Methods:

_____

_____

_____

_____

_____

_____

_____

_____

_____

_____

_____

_____

_____

_____

_____

Wine Pairing: _____

From the Kitchen of: _____

Recipe:

Serving: _____ **Prep Time:** _____

Cook Time: _____ **Temperature:** _____

Ingredients:

_____

_____

_____

_____

_____

_____

_____

_____

_____

_____

_____

_____

_____

_____

_____

_____

Methods:

_____

_____

_____

_____

_____

_____

_____

_____

_____

_____

_____

_____

_____

_____

_____

_____

Wine Pairing: _____

From the Kitchen of: _____

Recipe:

Serving: _____   **Prep Time:** _____

Cook Time: _____   **Temperature:** _____

Ingredients:

_____

_____

_____

_____

_____

_____

_____

_____

_____

_____

_____

_____

_____

_____

_____

Methods:

_____

_____

_____

_____

_____

_____

_____

_____

_____

_____

_____

_____

_____

_____

_____

Wine Pairing: _____

From the Kitchen of: _____

Recipe: _____

Serving: _____   **Prep Time:** _____

Cook Time: _____   **Temperature:** _____

Ingredients:

_____

_____

_____

_____

_____

_____

_____

_____

_____

_____

_____

_____

_____

_____

Methods:

_____

_____

_____

_____

_____

_____

_____

_____

_____

_____

_____

_____

_____

_____

Wine Pairing: _____

From the Kitchen of: _____

Recipe:

Serving: _____   **Prep Time:** _____

Cook Time: _____   **Temperature:** _____

Ingredients: **Methods:**

_____   _____

_____   _____

_____   _____

_____   _____

_____   _____

_____   _____

_____   _____

_____   _____

_____   _____

_____   _____

_____   _____

_____   _____

_____   _____

_____   _____

_____   _____

_____   _____

Wine Pairing: _____

From the Kitchen of: _____

Recipe:

Serving: _____ **Prep Time:** _____

Cook Time: _____ **Temperature:** _____

Ingredients:

_____

_____

_____

_____

_____

_____

_____

_____

_____

_____

_____

_____

_____

_____

_____

Methods:

_____

_____

_____

_____

_____

_____

_____

_____

_____

_____

_____

_____

_____

_____

_____

Wine Pairing: _____

From the Kitchen of: _____

Recipe:

Serving: _____ **Prep Time:** _____

Cook Time: _____ **Temperature:** _____

Ingredients:

_____

_____

_____

_____

_____

_____

_____

_____

_____

_____

_____

_____

_____

_____

_____

_____

_____

Methods:

_____

_____

_____

_____

_____

_____

_____

_____

_____

_____

_____

_____

_____

_____

_____

_____

_____

Wine Pairing: _____

From the Kitchen of: _____

Recipe: _____

Serving: _____   **Prep Time:** _____

Cook Time: _____   **Temperature:** _____

Ingredients:

_____
_____
_____
_____
_____
_____
_____
_____
_____
_____
_____
_____
_____
_____
_____
_____

Methods:

_____
_____
_____
_____
_____
_____
_____
_____
_____
_____
_____
_____
_____
_____
_____

Wine Pairing: _____

From the Kitchen of: _____

Recipe:

Serving:

Prep Time:

Cook Time:

Temperature:

Ingredients:

Methods:

Wine Pairing:

From the Kitchen of:

Recipe:

Serving: _____   **Prep Time:** _____

Cook Time: _____   **Temperature:** _____

Ingredients:

_____

_____

_____

_____

_____

_____

_____

_____

_____

_____

_____

_____

_____

_____

_____

_____

Methods:

_____

_____

_____

_____

_____

_____

_____

_____

_____

_____

_____

_____

_____

_____

_____

_____

Wine Pairing: _____

From the Kitchen of: _____

Recipe:

Serving: _____ **Prep Time:** _____

Cook Time: _____ **Temperature:** _____

Ingredients:

_____

_____

_____

_____

_____

_____

_____

_____

_____

_____

_____

_____

_____

_____

_____

_____

Methods:

_____

_____

_____

_____

_____

_____

_____

_____

_____

_____

_____

_____

_____

_____

_____

_____

Wine Pairing: _____

From the Kitchen of: _____

Recipe:

Serving: _____   **Prep Time:** _____

Cook Time: _____   **Temperature:** _____

Ingredients:
_____
_____
_____
_____
_____
_____
_____
_____
_____
_____
_____
_____
_____
_____

Methods:
_____
_____
_____
_____
_____
_____
_____
_____
_____
_____
_____
_____
_____
_____

Wine Pairing: _____

From the Kitchen of: _____

Recipe:

Serving:

Prep Time:

Cook Time:

Temperature:

Ingredients:

Methods:

Wine Pairing:

From the Kitchen of:

Recipe:

Serving: _____ **Prep Time:** _____

Cook Time: _____ **Temperature:** _____

Ingredients:

_____

_____

_____

_____

_____

_____

_____

_____

_____

_____

_____

_____

_____

_____

_____

_____

Methods:

_____

_____

_____

_____

_____

_____

_____

_____

_____

_____

_____

_____

_____

_____

_____

Wine Pairing: _____

From the Kitchen of: _____

Recipe:

Serving: **Prep Time:**

Cook Time: **Temperature:**

Ingredients: **Methods:**

Wine Pairing:

From the Kitchen of:

Recipe:

Serving: _____ **Prep Time:** _____

Cook Time: _____ **Temperature:** _____

Ingredients:

_____
_____
_____
_____
_____
_____
_____
_____
_____
_____
_____
_____
_____
_____
_____
_____

Methods:

_____
_____
_____
_____
_____
_____
_____
_____
_____
_____
_____
_____
_____
_____
_____
_____

Wine Pairing: _____

From the Kitchen of: _____

Recipe:

Serving: _____   **Prep Time:** _____

Cook Time: _____   **Temperature:** _____

Ingredients:

_____

_____

_____

_____

_____

_____

_____

_____

_____

_____

_____

_____

_____

_____

_____

Methods:

_____

_____

_____

_____

_____

_____

_____

_____

_____

_____

_____

_____

_____

_____

_____

Wine Pairing: _____

From the Kitchen of: _____

Recipe: _____

Serving: _____ Prep Time: _____

Cook Time: _____ Temperature: _____

Ingredients:

_____
_____
_____
_____
_____
_____
_____
_____
_____
_____
_____
_____
_____
_____
_____

Methods:

_____
_____
_____
_____
_____
_____
_____
_____
_____
_____
_____
_____
_____
_____
_____

Wine Pairing: _____

From the Kitchen of: _____

Recipe:

Serving: _____ **Prep Time:** _____

Cook Time: _____ **Temperature:** _____

Ingredients:

Methods:

Wine Pairing: _____

From the Kitchen of: _____

Recipe:

Serving: _____ **Prep Time:** _____

Cook Time: _____ **Temperature:** _____

Ingredients:

_____
_____
_____
_____
_____
_____
_____
_____
_____
_____
_____
_____
_____
_____
_____
_____

Methods:

_____
_____
_____
_____
_____
_____
_____
_____
_____
_____
_____
_____
_____
_____
_____
_____

Wine Pairing: _____

From the Kitchen of: _____

Recipe:

Serving: _____ **Prep Time:** _____

Cook Time: _____ **Temperature:** _____

Ingredients:

_____
_____
_____
_____
_____
_____
_____
_____
_____
_____
_____
_____
_____
_____

Methods:

_____
_____
_____
_____
_____
_____
_____
_____
_____
_____
_____
_____
_____
_____

Wine Pairing: _____

From the Kitchen of: _____

Recipe: _____

Serving: _____   Prep Time: _____

Cook Time: _____   Temperature: _____

Ingredients: Methods:

_____   _____
_____   _____
_____   _____
_____   _____
_____   _____
_____   _____
_____   _____
_____   _____
_____   _____
_____   _____
_____   _____
_____   _____
_____   _____
_____   _____

Wine Pairing: _____

From the Kitchen of: _____

Recipe:

Serving: _____   **Prep Time:** _____

Cook Time: _____   **Temperature:** _____

Ingredients:

_____

_____

_____

_____

_____

_____

_____

_____

_____

_____

_____

_____

_____

_____

_____

_____

_____

Methods:

_____

_____

_____

_____

_____

_____

_____

_____

_____

_____

_____

_____

_____

_____

_____

_____

_____

Wine Pairing: _____

From the Kitchen of: _____

Recipe:

Serving: _____ **Prep Time:** _____

Cook Time: _____ **Temperature:** _____

Ingredients:

_____

_____

_____

_____

_____

_____

_____

_____

_____

_____

_____

_____

_____

_____

_____

_____

_____

Methods:

_____

_____

_____

_____

_____

_____

_____

_____

_____

_____

_____

_____

_____

_____

_____

_____

Wine Pairing: _____

From the Kitchen of: _____

Recipe:

Serving:

Prep Time:

Cook Time:

Temperature:

Ingredients:

Methods:

Wine Pairing:

From the Kitchen of:

Recipe: _____

Serving: _____   Prep Time: _____

Cook Time: _____   Temperature: _____

Ingredients:

_____

_____

_____

_____

_____

_____

_____

_____

_____

_____

_____

_____

_____

_____

_____

Methods:

_____

_____

_____

_____

_____

_____

_____

_____

_____

_____

_____

_____

_____

_____

_____

Wine Pairing: _____

From the Kitchen of: _____

Recipe:

Serving:

Prep Time:

Cook Time:

Temperature:

Ingredients:

Methods:

Wine Pairing:

From the Kitchen of:

Made in the USA
Las Vegas, NV
05 November 2023